Jane Cadwallader

PB3
und der Fisch

Illustrationen von Gustavo Mazali

Erste ELI Lektüren

▶ 2

PB3 ist ein Außerirdischer und kommt vom Planeten P3. PB3 und sein Roboter Petra möchten alles über die Erde wissen. Sie sind gerade mit Ben und Susi an einem Strand. Die Erde ist ganz anders als P3. Auf dem Planeten P3 gibt es keine Strände und kein Meer. Petra gefallen die Muscheln!

Die Kinder erklären PB3 und Petra, wie man Volleyball spielt.

PB3 versucht zu surfen. Petra macht mit ihrer Kamera Fotos. Oh, die Wellen sind hoch! Surfen ist nicht so einfach, wie es aussieht.

Plötzlich sehen sie am Himmel eine schwarze Wolke. Sie ist groß und kommt immer näher. Oh nein! Es ist keine Wolke!

Die OOs leben auf dem Planeten XO11 und sind sehr böse. Sie kommen immer näher! Susi und PB3 haben Angst. Susi läuft an den Strand, PB3 springt ins Wasser. Auch Ben und Petra haben Angst. Ben versteckt sich hinter einem Felsen und Petra springt ins Wasser.

Ben und Susi sind hinter einem Felsen. Sie schauen den OOs zu. PB3 und Petra tauchen im Meer. Die OOs fischen … aber sie wollen keine Fische fangen. Sie wollen PB3 und Petra fangen!

Ben und Susi schwimmen zu PB3 und Petra. Sie zeigen auf eine Höhle in einem großen Felsen: Dort kann PB3 und Petra nichts passieren.

PB3 und Petra schwimmen in die Höhle und warten. Jetzt sind sie sicher vor den OOs. Ben und Susi schwimmen wieder an den Strand.

PB3 und Petra sehen die Arme des Raumschiffs. Die OOs lassen die Arme des Raumschiffs durch das Wasser hüpfen: Sie wollen PB3 und Petra fangen. Petra lacht. PB3 sieht bei den Felsen vor der Höhle kleine graue Fische.

Haha! Die OOs können uns nicht fangen!

Sieh mal diese Fische!

PB3 hüpft auf und ab. Er hat eine Idee! Er erklärt sie Petra und drückt bei ihr auf ein paar Knöpfe.

Aus dem Roboter kommen besondere Farben, mit denen man auch unter Wasser malen kann. Petra macht viele verschiedene Farben: violett, rosa, orange, blau, grün, rot, braun und gelb.

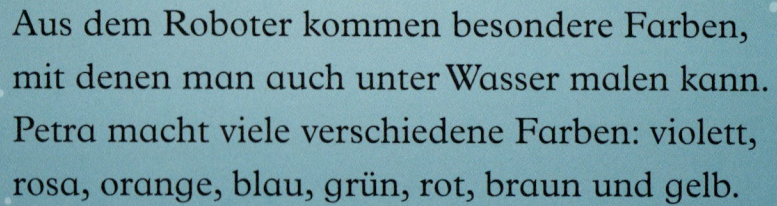

Jetzt sind die Fische nicht mehr grau. Jeder Fisch sieht anders aus! Sie sind sehr glücklich. Sie schwimmen, tanzen und machen große Sprünge. Oh! Sie sehen nicht, dass große, böse Fische gekommen sind! ■

▶ 3 *Die kleinen Fische freuen sich sehr,
die kleinen Fische tanzen im Meer.
Früher waren sie langweilig grau,
jetzt sind sie violett, gelb und blau.
Die kleinen Fische freuen sich sehr,
die kleinen Fische tanzen im Meer.* ■

Ben und Susi springen wieder ins Meer. Sie verstehen nicht, warum PB3 und Petra immer noch unter Wasser sind. Die OOs sind doch schon lange nicht mehr da! Susi zeigt den hochgestreckten Daumen: Alles in Ordnung, kommt an den Strand! PB3 und Petra sehen unglücklich aus: Die großen, hungrigen Fische wollen die kleinen Fische fangen.

PB3 und Petra schwimmen mit Ben und Susi an Land. Sie erzählen ihnen von den kleinen, grauen Fischen, von der Unterwasserfarbe und von den großen, bösen Fischen.

Ben und Susi erklären PB3 und Petra, dass es für die kleinen Fische besser ist, wenn sie grau sind. Auch die Felsen, bei denen sie leben, sind grau: Darum sehen die großen Fische die kleinen Fische nicht.

PB3 und Petra tauchen noch einmal hinunter in die Höhle. Sie malen die kleinen Fische wieder grau an. Ben und Susi helfen ihnen. Die großen Fische schwimmen weg.
Aber jetzt müssen PB3 und Petra nach Hause!

PB3 und Petra sagen Susi und Ben auf Wiedersehen. Sie haben etwas Wichtiges gelernt: Zuerst denken, dann handeln!

▶ 5 *Die kleinen Fische freuen sich sehr,*
die kleinen Fische tanzen im Meer.
Ihr Silbergrau glänzt wunderbar,
vorbei ist jetzt die große Gefahr.
Die kleinen Fische freuen sich sehr,
die kleinen Fische tanzen im Meer. ■

Spielen und Lernen

1 Unterstreiche die Wörter, die so nicht in der Geschichte vorkommen, und nummeriere die Sätze in der richtigen Reihenfolge.

a ▢ Man schlägt die Muschel mit den Händen.

b ▢ Die PPs kommen! Lauf schnell weg!

c ▢ In der Sonne sind die Fische gelb!

d ▢ Vielleicht rosa und blau?

e ▢ Ich habe Durst.

f ▢ Pass auf, Susi!

2 Immer zwei Muscheln bilden zusammen ein Wort. Finde sie und male sie in der gleichen Farbe aus. Setze die Wörter an der passenden Stelle ein.

frü en
tan her
klei
zen lett
vio
freu nen

Die _____ Fische _____ sich sehr,
die kleinen Fische _____ im Meer.
_____ waren sie langweilig grau,
jetzt sind sie _____, gelb und blau.

3 Male den ersten Fisch in drei Farben aus. Frage dann eine Freundin oder einen Freund, in welchen Farben du den zweiten Fisch ausmalen sollst. Frage zum Beispiel: „Ist der Kopf rot?"

Mein Fisch Der Fisch meines Freundes

4 Führe die Geschichte als Theaterstück auf.

Besetzung:
Ben, Susi, PB3, Petra, großer Fisch 1, großer Fisch 2, kleine Fische.

Ihr braucht:
- zwei Pinsel
- die großen Fische brauchen große Papierfische
- die kleinen Fische brauchen kleine Papierfische, die auf der einen Seite grau und auf der anderen Seite farbig sind
- ein paar Stühle als Felsen im Meer

(PB3 und Petra sind im Meer. Die kleinen, grauen Fische schwimmen um die Felsen herum.)
PB3 Sieh mal diese Fische!
Petra Die Farbe dieser Fische ist sehr langweilig. Auf der Erde gibt es doch so viele schöne Farben!
PB3 Arme Fische! Oh, ich habe eine Idee: Wir malen sie farbig an!
(PB3 drückt bei Petra auf ein paar Knöpfe. Die kleinen Fische kommen.)
Petra In welcher Farbe soll ich diesen Fisch anmalen?

PB3 Vielleicht rosa und gelb?
Kleiner Fisch Oh ja, ich mag rosa und gelb!
(*Dasselbe mit allen kleinen Fischen wiederholen. Diese zeigen jetzt ihre farbige Seite. Die großen Fische kommen.*)

Kleine Fische (*sagen das Gedicht von S. 18 auf.*)
Großer Fisch 1 Mjam! Ich habe Hunger!
Großer Fisch 2 Diese Fische sehen lecker aus.

(*Die kleinen Fische verstecken sich hinter den Felsen. Ben und Susi kommen.*)
PB3 Seht mal diese bösen Fische!
Petra Sie wollen die kleinen Fische fangen!
Ben Für die kleinen Fische ist es besser, wenn sie grau sind.
Susi So sehen die großen Fische sie nicht.
PB3 Dann malen wir sie wieder grau an!
Petra Kommt, kleine Fische!
(*Die kleinen Fische kommen, PB3 und Susi malen.*)

Kleine Fische Danke!
Großer Fisch 1 Wo sind die kleinen Fische?
(*Am Strand. Die Fische springen aus dem Wasser.*)
Petra Sieh mal, PB3! In der Sonne sind die Fische silbrig!
PB3 Stimmt! Aber jetzt müssen wir nach Hause fliegen.
Alle Tschüss! Auf Wiedersehen!

5 **Zeichne eine Szene aus der Geschichte und schreibe einen Satz dazu.**

_____
_____

6 **Do you like the story? Draw your face.**

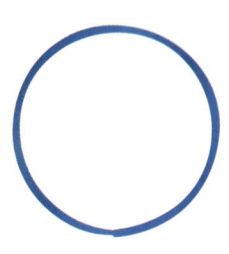

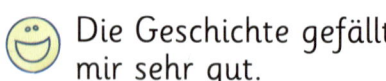 Die Geschichte gefällt mir sehr gut.

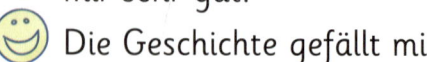 Die Geschichte gefällt mir gut.

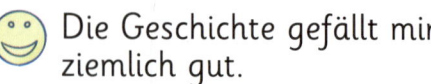 Die Geschichte gefällt mir ziemlich gut.

Die Geschichte gefällt mir nicht.